Admiramos e convivemos com as mandalas encontradas na natureza, tais como as flores, as células, o sistema solar, a íris dos olhos, enfim, imagens sempre de forma circular, com um núcleo, e irradiando movimentos, às vezes assimétricos, porém sempre com equilíbrio de formas e cores.

Esse equilíbrio, essa sensação de harmonia, inspira serenidade e abre as portas do inconsciente, restabelecendo a ordem psíquica.

Os desenhos de mandalas destinam-se à elevação espiritual do homem. Há séculos a sua contemplação é prática comum entre os povos orientais, servindo de instrumento para a meditação.

Na psicologia encontramos Carl Jung como um estudioso do assunto, utilizando a mandala como o foco de união do consciente com o inconsciente. É da abertura do inconsciente que emergem as soluções dos nossos problemas, às vezes de maneira simbólica, outras vezes por intermédio de situações que precisamos vivenciar para atingir o equilíbrio emocional e espiritual.

O poder das mandalas e dos símbolos está ligado à história da humanidade e das religiões, que formam os arquétipos que existem no inconsciente coletivo. A importância psicológica e energética das mandalas, no entanto, está no âmbito pessoal e inconsciente.

É nessa proposta de equilíbrio energético que o arquiteto e artista plástico Marco Winther desenvolve seu trabalho. Através do estudo da numerologia, do tarô, dos horóscopos, dos florais, da angeologia e do feng shui, ele direcionou sua arte ao caminho da evolução individual e passou a desenhar mandalas pessoais ou temáticas.

Nessas mandalas energéticas pessoais – círculos mágicos que servem como "portais de passagem para novas dimensões" – surgem símbolos egípcios, runas, letras hebraicas, formas geométricas, a lua, o sol, enfim, todo um arsenal de imagens, sempre com um significado específico para aquele desenho, que, utilizadas às vezes intuitivamente pelo artista, vêm a caracterizar a individualidade do ser.

Em seu trabalho, é constante a presença de flores, que para ele significam seres em sintonia permanente com o Universo, e que emitem vibrações específicas conforme suas cores, formas e aromas.

Mandalas dos Nove Caminhos
do Eneagrama

Mandalas dos Nove Caminhos do Eneagrama

Marco Winther

EDITORA PENSAMENTO
São Paulo

Copyright © 2003 Marco Winther.

Todos os direitos reservados. Nenhuma parte deste livro pode ser reproduzida ou usada de qualquer forma ou por qualquer meio, eletrônico ou mecânico, inclusive fotocópias, gravações ou sistema de armazenamento em banco de dados, sem permissão por escrito, exceto nos casos de trechos curtos citados em resenhas críticas ou artigos de revistas.

O primeiro número à esquerda indica a edição, ou reedição, desta obra. A primeira dezena à direita indica o ano em que esta edição, ou reedição, foi publicada.

Edição	Ano
1-2-3-4-5-6-7-8-9-10-11	04-05-06-07-08-09-10-11

Direitos reservados
EDITORA PENSAMENTO-CULTRIX LTDA.
Rua Dr. Mário Vicente, 368 – 04270-000 – São Paulo, SP
Fone: (11) 6166-9000 – Fax: (11) 6166-9008
E-mail: pensamento@cultrix.com.br
http://www.pensamento-cultrix.com.br

Impresso em nossas oficinas gráficas.

Dedico este livro a todas as pessoas que participam da minha vida. Por serem mundos distintos, me ampliam a visão do universo.

Em especial a:

Ana, Alan, Laila, Diana, Maria, Qui, João, Gina, Luiz, Jeanne, Isadora, Celina, Jair, Adriano, Livia, Augusto, Lourdes, Gustinho, Yolanda, Priscilla, Eloisa, Gusto, Gian, Gabi, Giulia, Denise, Gui, Henrique, Tan, Rita, Thilbi, Célia, Aquiles, Flavia, Diego, Pablo, Salonee, Juliana, Marcio, Rodrigo, Carla, Renata, Gisela, Lili, Abaya, Thor, Bruno, Anna, Erika, Ricardo, Mirenes, Henrique, Paulo, Ivanna, Leda, Yan, Ingrid, Mariam, Fany, Frank, Zelinda, Helena, Katia, Ciça, Paula, Julia, Paulo, Vânia, Rui, Helenice, Gal, Ronaldo, Marizilda, Rô, Tunica, Ciro, Paulo, Mauro, Beta, Patricia, Ricardo, Ligia, Fernanda, Renata, Nanci, Nelma, Laura, Cicero, Maria, Zilda, Célia, Sara, Antonieta, Vany, Carlos, Silvia, Chico, Rita, Esmê, Cleide, Bob, Eneida, Ercília, Ivinho, Nélia, Sonia, Ana Maria, Thais, Fernando, Regina, Niel, Roberto, Adriana, Felipe, meus ancestrais...

MARCO WINTHER

RELAÇÃO DAS MANDALAS

INTRODUÇÃO
MANDALA DO ENEAGRAMA
MANDALA DO CAMINHO DA PERFEIÇÃO
MANDALA DO CAMINHO DO AMOR
MANDALA DO CAMINHO DA CONSAGRAÇÃO
MANDALA DO CAMINHO DA CRIATIVIDADE
MANDALA DO CAMINHO DA SABEDORIA
MANDALA DO CAMINHO DA FÉ
MANDALA DO CAMINHO DA ALEGRIA
MANDALA DO CAMINHO DA VERDADE
MANDALA DO CAMINHO DA PAZ

MANDALAS DOS NOVE CAMINHOS DO ENEAGRAMA

Estas mandalas foram criadas visando a evolução
do homem através do autoconhecimento.
Esse percurso requer a confrontação do seu
"eu interior" com o seu "eu construído" ao longo dos
anos, fruto de experiências positivas e negativas
registradas em sua mente.

A composição do conjunto baseou-se na associação
do eneagrama com os Florais Brasileiros,
e no estudo das formas, cores e símbolos que
pudessem complementar o propósito de cada mandala.

Como um veículo para a conexão do ser humano
com o cosmos, a mandala, pela sua dinâmica circular,
integra a arte, a magia e a psicologia, levando-nos
à introspecção e ao contato com os níveis profundos
da nossa consciência.

As flores são a expressão máxima da evolução do reino vegetal.
Suas cores, formas, fragrâncias e, principalmente, suas energias
– objeto de estudo dos florais – têm características únicas, e
estão em ligação permanente com as energias cósmicas.

Dessa maneira, a associação das mandalas com os florais,
duas fontes diretas de contato com as "energias sutis",
potencializa a intenção que foi investida na realização das mandalas.

A energia de cada mandala está direcionada para um dos nove raios
do eneagrama, desbloqueando a mente para a essência de cada
um de nós. Porém, a vivência de outras formas de comportamento,
outras cores e sabores, nos amplia a visão e a compreensão
das leis do Universo.

Por isso, a possibilidade da experimentação do contato energético
com as nove mandalas é fundamental para o homem que está
no percurso do caminho da sua evolução.

Mandala do Eneagrama

A representação gráfica dos nove tipos do eneagrama é uma estrela com a base aberta, desenhada num círculo, onde são indicadas as relações entre os pontos de um a nove.
À medida que todas as pessoas que estudam o eneagrama se utilizam dessa representação simbólica, ela torna-se um arquétipo coletivo.

A mandala do eneagrama reproduz essa forma já instituída, colocando uma flor (Florais Brasileiros) em cada ponto referente aos nove tipos. Assim, essa mandala transmite o conjunto dos tipos do eneagrama através das energias das flores selecionadas: sibipiruna, orquídea, flamboyant, rosa, ipoméia, cosmos, margarida, amor-perfeito e girassol.

A diversidade entre as nove flores nos remete à diversidade dos nove seres, tipos distintos que compõem o estudo do eneagrama, que se desenvolveu no ocidente a partir da década de 20 por Gurdjieff.

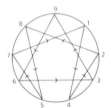

Eneagrama – A estrela de nove pontas de Gurdjieff

As setas indicam a relação entre os tipos, sendo que cada um tem três aspectos principais: a sua essência, seu ponto de apoio e seu ponto de crescimento, sendo estes dois últimos o ponto antecessor e posterior do ponto da essência, respectivamente, seguindo a orientação das setas.

MANDALA DO CAMINHO DA PERFEIÇÃO

Esta mandala traz o movimento da ação precisa e da organização, sem interferência dos preconceitos registrados na mente.

A Lua simboliza as emoções profundas,
e nesta mandala atua como renovadora das idéias e conceitos,
desestabilizando o código psicológico do racional estabelecido
para reestruturá-lo sem os vícios de pessimismo e introspecção.

São duas as fases da Lua representadas aqui:
a Lua cheia, ligando o indivíduo à coletividade,
dinamizando os sentimentos interiores;
e a Lua crescente, de onde partem os ramos simétricos da sibipiruna.

Desses ramos laterais, surge um terceiro ramo florido,
ao centro, pontual e ascendente,
direcionando a mente para a objetividade
e abrindo a mandala ao norte com uma luminosidade amarela:
o amanhecer de um novo dia.

A Sibipiruna, como floral, organiza o trabalho nervoso dos neurônios,
acalmando e redirecionando a energia na mente.

A estrela de cinco pontas, representando o homem sereno,
encontra-se no ponto do tipo um do eneagrama.

O círculo menor ao centro é o reflexo
do círculo limite da mandala, mostrando-nos
que a ordem dos fatos no mundo terreno é
correspondente à ordem do cosmos.

A haste da planta forma o símbolo do infinito – o oito deitado –
lembrando-nos que a base dos pensamentos deve estar
apoiada na energia de criação do universo.

A letra ALEPH, a primeira letra do alfabeto hebraico,
é o ponto inicial do despertar da consciência
de qualquer ação ou pensamento,
trazendo-nos a força para a ousadia de novos projetos.

MANDALA DO CAMINHO DO AMOR

Tornando claras as situações de dependência e orgulho,
esta mandala traz o amor incondicional,
fazendo do homem um veículo para o seu escoamento.

A Lua crescente representa a energia intuitiva
que deve prevalecer no planejamento mental.

O cristal de quartzo rosa que se encontra
na base da mandala estimula o amor,
abrindo o chakra cardíaco e
eliminando a falsidade e o orgulho.

Nesta mandala,
Mercúrio vem trazer
a energia positiva da
mente brilhante e objetiva,
facilitando a comunicação
e a expressão.

As folhas, em número de quatro, formam um movimento
no sentido horário, enquanto as ondas de energia,
em número de oito, levam ao sentido anti-horário.
Essas duas rotações estão voltadas para a dissolução do
sentimento de comparação entre o dar e o receber,
criando um fluxo de doação no qual o homem se torna
um canal de passagem de energia.

A estrela de cinco pontas ocupa
o lugar do tipo dois no eneagrama,
pressagiando o homem humilde,
doador universal da energia do amor.

A Orquídea, utilizada como floral, atua no centro coronário,
ampliando os canais de sensibilidade espiritual.
Pela sua beleza, é um símbolo de perfeição e de pureza espiritual.
Na China é também ligada à fertilidade. Sua energia facilita
a intuição e a transmissão das emoções elevadas
e puras entre os seres humanos.

Ao fundo, encontramos um quadrado,
também dissolvido pelo fluxo das ondas,
que vem nos mostrar que
a quebra da possessividade no
mundo terreno é um caminho
para a compreensão do
verdadeiro amor.

MANDALA DO CAMINHO DA CONSAGRAÇÃO

Esta mandala traz o relaxamento da mente,
dissolvendo a ilusão da máscara social
e resgatando a emoção
como um componente do ser humano.

A moeda, ao lado do Sol,
é como o reflexo de uma mesma imagem:
dois círculos amarelos,
trazendo à consciência que a materialidade
é reflexo da espiritualidade.

Partindo da flor,
os ramos se espalham
por toda a mandala,
representando as
suas ações no
mundo material
voltadas para o
crescimento do
coletivo.

Duas hastes
da planta formam
um coração no
canto esquerdo
da mandala
representando a
emoção que deve
ser desbloqueada,
desfazendo assim a
importância da sua
auto-imagem.

O floral Flamboyant
penetra na mente concreta,
levando os mecanismos
de autodefesa e
autocrítica a dissolverem
o medo de assumir
a verdadeira personalidade.

Ao centro da mandala,
a flor flamboyant, vermelha,
mostra o ser dinâmico,
seguro de si.

A letra hebraica
GHIMEL, no alto,
à direita,
é a terceira letra
do alfabeto hebraico
e representa a
manifestação
material da idéia.

Na base da mandala
o triângulo na cor púrpura
é a ametista, pedra da paz,
que alivia o *stress* e
promove a espiritualidade.

A estrela de cinco pontas
representa o homem honesto,
e nesta mandala ocupa o
lugar do número três no
desenho de representação
do eneagrama.

MANDALA DO CAMINHO DA CRIATIVIDADE

Esta mandala traz ao homem a autoconfiança
para a ação através de sua criação
e a consciência de que a visão diferenciada do mundo
pode enriquecer a humanidade.

A rosa branca representa a sensualidade e a sensibilidade,
o amor e a paz, atributos primordiais da criação.
Sua transparência mostra que a fonte original de seus
pensamentos deve vir do mundo não-material.

A Rosa, como floral, amplia as energias do coração e aproxima
o homem do Ser Superior. Leva à mente a percepção do amor universal.

A espada, como símbolo da ação e proteção,
significa o desbloqueio da energia para
a concretização dos projetos.

O movimento da mandala é voltado para a extroversão do ser.
Os quadrados soltos – porém articulados entre si – significam
a necessidade de uma estrutura equilibrada no mundo mental
para que haja a comunicação com o mundo espiritual.

Vênus vem aqui refinar as emoções,
ligando-nos aos fluxos de beleza,
paz e harmonia.

A estrela de cinco pontas ocupa o ponto do tipo
quatro do eneagrama, e representa aqui o homem equilibrado.

À direita da mandala, vemos uma cruz ansada,
egípcia, utilizada como um instrumento mágico pelos
antigos faraós para conferir a visão do eterno.

MANDALA DO CAMINHO DA SABEDORIA

Esta mandala transmite ao ser a liberação de sua energia mental e emocional. Essa liberação traz a ação voltada para a evolução do coletivo.

A estrela de cinco pontas nesta mandala assume
o campo total do círculo: o homem em contato
com todos os campos de conhecimento.

O Sol no alto é a mente brilhante do homem.

A espada, na base da mandala,
significa que é necessário
o movimento e a coragem
para prosseguir a vida com sabedoria.

A flor Ipoméia, utilizada como floral,
tem um fluxo de expansão de energia do corpo
em direção a outras pessoas,
ajudando nas dificuldades de convivência
e na adaptação a novas situações e ambientes.

As cinco flores em movimento de expansão
representam a transmissão do conhecimento
e a interação do ser com outros seres.
Sua cor azul-lilás mostra que esse fluxo
é um caminho para a evolução do homem.

Marte traz a energia da expansão
e da confiança em si e nos outros,
atributos necessários ao verdadeiro sábio.

O caduceu, que se encontra à esquerda da mandala,
é o símbolo da onisciência e sabedoria,
e traz ao homem a compreensão que
o mundo não é só mental.

A cor verde-esmeralda, predominante na mandala,
tem a energia de equilibrar o coração,
deixando emergir o conhecimento espiritual.

MANDALA DO CAMINHO DA FÉ

Esta mandala traz o entendimento ao homem de que o mundo material é uma projeção do mundo espiritual, propiciando-lhe coragem e independência para conquistar o sucesso.

Os dois triângulos ao centro:
o maior voltado para cima (energia espiritual),
e o menor, voltado para baixo (energia terrena),
levam o equilíbrio ao homem,
elevando seus pensamentos com fé e confiança.

Encontramos três hastes que partem da Lua crescente,
mostrando que os caminhos da vida a serem percorridos
devem partir de uma mente intuitiva.

O Sol traz energia
e vitalidade às ações.
É o grande astro que
permite a vida e o
desenvolver das flores.

O Cosmos, como floral,
é utilizado para a
autoconfiança,
e para facilitar a
projeção dos próprios
ideais para o mundo.

A cor rosa das flores acalma o raciocínio
e a emoção, deixando o homem confiante
para conquistar o sucesso.

O olho egípcio,
um símbolo muito utilizado
no antigo Egito,
representa a fonte
de energia de
luz purificadora.

A estrela de
cinco pontas,
aqui mostrando
o homem corajoso,
ocupa o ponto do
tipo seis
no eneagrama.

MANDALA DO CAMINHO DA ALEGRIA

Esta mandala busca direcionar o homem no fluxo da expansão da alegria, como fruto da sabedoria e do autoconhecimento, levando-o a caminhar com uma postura moderada e emocionalmente equilibrada.

A Margarida, como floral,
tranqüiliza a ansiedade,
e dilui os medos e cobranças
emocionais interiores.
Concentra as energias dispersas,
fortalecendo os objetivos.

Estão representados
nesta mandala três
campos de energia do homem:
o físico, o mental e o espiritual.

O primeiro círculo,
uma moeda de ouro
na base da mandala,
está no centro do
coração formado pelas
hastes da planta.
É o equilíbrio do homem
no mundo físico.

O segundo círculo, o centro da flor,
por onde se expandem todas as pétalas,
é a expansão da sua energia mental.

E o terceiro círculo, para onde se direcionam
todos os movimentos da mandala,
é o Sol, o mundo espiritual e fonte da vida.

A letra ZAIN,
a sétima letra do
alfabeto hebraico,
significa firmeza
para a superação
dos obstáculos e
para a conquista
da vitória.

Júpiter traz a abundância
e a boa sorte ao homem
que alinha esses três centros.

A graduação de cores,
que lembram o arco-íris,
significa a pluralidade
de situações do homem
na vida, mas o sentido
ascendente em direção
ao Sol traz a ele a
consciência de que a
evolução espiritual é
a realidade única
por trás dos fatos.

A estrela de cinco pontas
é o homem sóbrio,
e ocupa a posição do tipo
sete na representação
do eneagrama.

MANDALA DO CAMINHO DA VERDADE

Esta mandala eleva a confiança do homem nos outros,
e traz tranqüilidade e satisfação da vida,
fazendo-o perceber que as "verdades pessoais"
são relativas e ínfimas frente à compreensão
do papel do ser no universo.

O Amor-perfeito, como floral,
acalma os pensamentos
e as ações de autodefesa.

O grande coração,
formado pelas hastes
da planta nesta mandala,
traz a compreensão ao
homem de que as
relações com as outras
pessoas devem ser
desprovidas de
controle e poder.

À esquerda,
encontramos um
diamante, a mais
neutra de todas
as gemas, trazendo
a energia da justiça,
e promovendo
clareza de pensamentos.

A base das hastes,
ou a ponta do coração,
está apoiada no Sol,
fonte da vida e
astro-rei, emitindo
uma energia vital para
o desbloqueio das
emoções enraizadas
na mente.

As duas flores iguais, porém
distintas pelas suas cores,
mostram a possibilidade da
coexistência, sem combate,
entre os seres.

Saturno traz força,
êxito, e determina
prudência e calma
nas ações.

Os dois quadrados,
equilibrados e complementares,
formando uma estrela de
oito pontas, significam equilíbrio
entre a inteligência e a ação.

Nesta mandala,
a estrela de cinco
pontas representando
o homem inocente e
verdadeiro ocupa a
posição do tipo oito
no desenho do eneagrama.

A oitava letra do alfabeto hebraico,
HETH, à direita da mandala, significa esplendor.

MANDALA DO CAMINHO DA PAZ

Esta mandala busca levar ao homem uma visão equilibrada e realista da vida, fazendo-o atuar com persistência em direção ao futuro, alcançando seus objetivos com paz.

O girassol, como floral, atua na consciência da dualidade e da importância das forças do Céu e da Terra. Fortalece a individualidade, trazendo ação e convicção aos seus pensamentos.

Nesta mandala, o girassol, também símbolo do Sol, e a espada no seu centro, trazem as energias da força e da ação.

As flores em crescimento significam sonhos que estão a se materializar, pois suas sementes foram plantadas a partir da conscientização do poder da vontade.

O sol e a lua, laterais à espada,
assim como os dois triângulos de iguais
proporções que se entrelaçam,
formando uma estrela de seis pontas,
representam o equilíbrio das energias
masculino-feminino, ou terra-céu,
e trazem o conhecimento do movimento
apoiado na paz.

Ocupando a posição
do tipo nove no desenho
do eneagrama,
a estrela de cinco pontas
representa o homem
ativo e correto.

Três ramos nascem da haste da planta:
o girassol, flor madura ao centro,
e dois botões, simétricos, ascendendo
à estrela ao norte da mandala.

CONHEÇA O OUTRO LIVRO DO AUTOR

Mandala – A Arte do Conhecimento
Marco Winther e Fany Zatyrko

Buscando encontrar um elemento que facilitaria a compreensão e transmissão da arte pelo autoconhecimento, dois conceituados estudiosos da espiritualidade humana – Fany Zatyrko e Marco Winther – chegaram a um mesmo símbolo, a mandala, e, a partir dela, decidiram escrever o livro *Mandala – A Arte do Conhecimento*.

Com o resultado do trabalho desses dois autores, os leitores terão um contato maior com o poder e influência desse elemento no destino do homem. A mandala foi criada para ser um instrumento de meditação, sendo o único símbolo aceito por todas as religiões existentes. Formada de círculos, quadrados e outras figuras geométricas concêntricas, simbólicas e coloridas, a mandala é a representação do mundo e serve como base para o entendimento das forças humanas externas e internas, e estímulo à criatividade e à ordem psíquica. Em *Mandala – A Arte do Conhecimento* são apresentados 27 desenhos desse símbolo em forma de baralho, verdadeiras obras de arte criadas pelos autores, que também são artistas plásticos. Usando um recurso diferente, são ensinados quatro tipos de leitura para essas cartas, de modo que o leitor possa usar a força desse símbolo para conduzir melhor sua busca pela autocompreensão. O baralho vem acompanhado da interpretação de cada mandala e de um relato das influências de cada uma delas no destino e comportamento humano. As atenções se voltam para esse símbolo como forma de atingir um patamar mais elevado no conhecimento. Ao observar as várias formas assumidas por esse instrumento, a pessoa mergulha no inconsciente, onde se manifestam os códigos, símbolos e valores pessoais e, assim, passa a entender melhor o que acontece à sua volta.